La ville
qui rend foot

Du même auteur, dans la même collection,

à partir de 9 ans :

L'été en tente double
La fille qui rend fou
Le jour où j'ai raté le bus

Du même auteur, dans la même collection,

à partir de 11 ans :

Le jeu : La traque
Le jeu : Game over

Jean-Luc Luciani
Illustrations de Thierry Christmann

La ville qui rend foot

RAGEOT

Cet ouvrage a été imprimé sur un papier
issu de forêts gérées durablement,
de sources contrôlées.

PEFC/10-31-1316

Couverture : Thierry Christmann.

Crédits :
Le Nouveau Stade Vélodrome - Arema - architectes :
SCAU/Aymeric ZUBLENA Architecte Mandataire -
Didier ROGEON Architecte Associé.

ISBN 978-2-7002-3799-3
ISSN 1951-5758

La grande nouvelle

C'était une soirée comme je les aime, une soirée tranquille à la maison. Maman lisait un livre, allongée sur le sofa du salon, et moi je répétais un morceau de piano pour mon audition de Noël. Il s'agissait d'un passage compliqué avec plein de triples croches, de dièses et de bémols, mais je faisais de mon mieux. Papa ne tarderait pas à rentrer et j'espérais être prêt à son arrivée. Je savais d'avance comment son retour allait se dérouler. C'était toujours pareil.

Il arrivait aux alentours de dix-neuf heures, sur la pointe des pieds pour ne pas nous déranger, il déposait doucement sa sacoche dans le hall d'entrée, posait un tendre bisou sur le front de maman, puis il s'approchait de moi, attendait que j'aie fini de jouer et, de l'air le plus fier que je lui connaisse, il concluait invariablement, en passant ses doigts dans mes cheveux : « Félicitations, mon fils, tu t'améliores de jour en jour ! »

J'ai finalement réussi à jouer le passage difficile d'une seule traite, sans accrocher la moindre note. Maman a levé les yeux de son livre et m'a souri.

– Ton père va être fier, a-t-elle déclaré en jetant un œil à la pendule, il ne devrait pas tarder maintenant.

Soudain la porte a claqué, faisant trembler les murs de la maison, une sacoche a traversé le salon tel un boomerang et papa est apparu dans la pièce à la manière d'un boxeur qui monte sur le ring, en sautillant sur place, les bras tendus vers le ciel.

– Je suis le meilleur, I am the best !!!

Puis il a improvisé une sorte de danse indienne, il a sauté sur le sofa et s'est transformé en orang-outan à moitié fou.

– J'ai réussi, chérie... On a gagné, ouba-ouba !

Il a dégringolé sur le grand tapis que maman avait rapporté du Maroc et a commencé à effectuer toutes sortes de galipettes, renversant quelques bibelots au passage. Maman s'est approchée de lui, a posé les deux mains sur ses épaules pour tenter de le calmer par la douceur. Mais papa était trop excité, il n'arrêtait pas de sauter et de pousser de petits cris. Voyant que sa patience restait sans effet, maman a opté pour les grands moyens.

– Antoine, vas-tu nous expliquer ce que signifie ton comportement à la fin ? a-t-elle hurlé.

Papa s'est assis en tailleur au centre du tapis et il a regardé maman droit dans les yeux. Un sourire d'enfant illuminait son visage.

– La mutation… Je l'ai enfin obtenue, a-t-il dit d'une voix tranquille.

Le livre que maman tenait entre ses mains a volé jusqu'au plafond, suivi de ses deux chaussures. À son tour elle est devenue orang-outan, se grattant sous les bras, poussant des grognements incompréhensibles et bondissant à travers le salon. Ils ont fini dans les bras l'un de l'autre, sautant à pieds joints, tels les membres d'une équipe célébrant la victoire.

– On a gagné ! On a gagné !

J'étais sidéré. Je ne reconnaissais plus mes parents, d'habitude si calmes. On avait dû les échanger contre un couple de fous furieux échappés d'un asile psychiatrique. Il n'y avait pas d'autre explication logique.

Je me suis approché d'eux et j'ai réussi à attirer leur attention d'un raclement de gorge.

– Hum, hum ! Vous pourriez m'expliquer ce qu'on est censés fêter ?

Mes parents sont redescendus sur terre et, après deux rires étouffés, un hoquet et un cri de joie, papa a daigné me fournir des explications.

– Il y a deux ans, j'ai postulé pour une place dans le Sud de la France. Depuis je n'avais pas de nouvelles, mais ce matin mon patron m'a annoncé qu'un poste s'était libéré et qu'il était pour moi si je le désirais toujours.

– Et alors ? me suis-je inquiété.

– Alors j'ai accepté sans hésiter. Je n'allais pas laisser passer une occasion pareille. Nous partons nous installer à Marseille après les fêtes de fin d'année.

– Et alors ? ai-je persisté, ne comprenant toujours pas les raisons de leur comportement.

– Alors, à nous le soleil, la mer, les beaux jours, l'air pur, les cigales, l'odeur de la lavande, les calanques, les siestes, la pétanque, l'accent qui chante, les couchers de soleil… s'est enflammée maman.

D'un geste de la main, papa a signifié à maman qu'il fallait qu'elle cesse de dérouler cette liste impressionnante. C'est un de ses défauts majeurs, quand elle s'emballe les mots défilent à la vitesse d'un cheval lancé au galop. Seul mon père est capable de l'arrêter et s'il n'est pas dans les parages, la fuite reste l'unique solution.

Papa s'est approché de moi et il a enfin passé sa main dans mes cheveux.

– Là-bas la vie sera plus belle, a-t-il résumé, tu verras, nous y serons très heureux.

– Mais, et mes copains, et mes cours de piano ?

Maman m'a pris dans ses bras.

– Ne t'inquiète pas, à ton âge on se fait rapidement de nouveaux amis, et puis à Marseille il y a un conservatoire, il n'est pas question que tu arrêtes de jouer.

Ils avaient l'air sûrs de leur affaire et puisqu'ils paraissaient heureux, je n'avais aucune raison de me méfier.

– Bon c'est d'accord, allons-y pour Marseille !

Et à mon tour, j'ai entamé la danse des orangs-outans.

Les préparatifs

Les vacances de Noël sont passées à toute vitesse. Maman était très occupée à préparer le déménagement, je faisais la tournée d'adieu de mes copains et papa rentrait chaque soir avec des acquisitions selon lui indispensables à notre nouvelle vie : une planche à voile, un parasol multicolore, une tenue de plongée avec harpon...

Maman, qui ne voulait pas être en reste, l'a rapidement imité. Elle a commencé timidement par se procurer quelques tubes de crème solaire, bientôt suivis par des lunettes de soleil hyper mode, un maillot de bain rose fluo et un paréo assorti, puis un chapeau de paille.

Ces achats me semblaient légèrement prématurés. Même à Marseille, le mois de janvier n'est pas réputé pour sa chaleur. Mais je ne leur disais rien, car je ne voulais pas gâcher leur plaisir.

– Ça leur passera, ai-je soupiré.

Et je me suis concentré sur ma tournée d'adieu tandis que les cartons s'entassaient d'un côté et les nouveaux achats de l'autre.

Un soir papa est rentré à la maison serrant un livre contre sa poitrine. Il s'est installé sur le sofa du salon et nous a fait signe d'approcher.

– Je réclame toute votre attention, le moment est important. À cette heure précise, il me semble que nous avons réglé tout ce qui concerne notre nouvelle vie dans les moindres détails…

– Parfaitement, est intervenue maman, nous avons loué une maison, inscrit Adrien à l'école, il suivra des cours de piano au conservatoire, les cartons sont prêts pour le déménagement, je donnerai des cours bénévoles d'alphabétisation à la maison de quartier en attendant de retrouver du travail, je…

D'un geste de la main, papa a interrompu la liste impressionnante dont maman a le secret. Il a pris la parole à son tour.

– Je pense qu'il nous reste une chose primordiale à effectuer si nous voulons être totalement prêts pour notre nouvelle vie…

Maman et moi avons regardé papa avec de grands yeux ronds. Il a posé d'un geste ferme le livre sur la table.

– Et ceci va nous y aider. Je vous présente notre passeport pour Marseille !

– Mais enfin, de quoi s'agit-il ? a demandé maman de plus en plus intriguée.

Je me suis penché et j'ai lu le titre à haute voix.

– *Dico marseillais, d'Aïoli à Zou*[1].

– Eh oui, a dit fièrement papa, nous allons apprendre la langue des autochtones[2] !

Il a ouvert le livre au hasard.

– Tenez, par exemple, savez-vous ce que signifie la phrase suivante : Cette cagole m'a fait tchatcher sous le cagnard, une véritable bazarette, elle m'a complètement escagassé !

– Mais qu'est-ce que c'est que ce charabia ? s'est inquiétée maman.

– Papa, donne-nous la traduction.

Papa a pris un air important pour annoncer :

– Je vous en donne donc la signification. Un Marseillais qui s'exprime de la

1. Authentique, aux Éditions Jeanne Laffitte.
2. Originaire par voie ancestrale du pays où il habite.

sorte veut tout simplement dire qu'il vient d'avoir une longue conversation, par une chaleur assez forte, avec une femme ayant un débit de paroles si important qu'il ressent une horrible migraine.

De saisissement, maman a basculé en arrière et s'est étalée de tout son long sur le tapis qu'elle avait rapporté d'un voyage au Pérou. Papa lui a tapoté les joues. En reprenant ses esprits, elle a soupiré :

– Mais chéri, c'est horrible ! Nous allons devoir apprendre une langue nouvelle pour vivre à Marseille !

Papa a éclaté d'un gros rire.

– Peuchère, il a fait, il faut pas se néguer[1] dans si peu de pastis, on va se bouger le taffanàri[2] et dans quelques jours on tchatchera[3] comme eux. Zou Maï[4] !

Et maman est tombée dans les pommes pour la deuxième fois de la soirée.

1. Se noyer.
2. Postérieur.
3. On parlera.
4. En avant !

La nouvelle école

Tandis qu'autour de nous une multitude de personnes s'agitaient dans tous les sens, le directeur de ma nouvelle école se tenait raide comme un piquet devant mes parents. Il avait une barbichette plantée à la pointe du menton, des lunettes cerclées en équilibre au bout du nez et un petit ventre arrondi qui débordait par-dessus la ceinture de son pantalon. Il ressemblait au directeur de mon ancienne école et paraissait capable de garder son calme en toutes circonstances.

– Comme je vous l'ai déjà expliqué au téléphone, Adrien sera dans la classe de M. Caluini. C'est un instituteur aux méthodes pédagogiques originales, que les parents et les élèves apprécient beaucoup. J'espère qu'il en sera de même pour vous.

Maman a pris le bras du directeur comme si elle le connaissait depuis toujours.

– Peuchère[1], elle a dit, ne vous faites pas du mouron[2], mon fiston il est facile à vivre. Pour ce qui est du calcul y craint dégun[3], pour les matières d'éveil y a pas d'engambi[4], il se gave[5]. Té vé, y a que pour le sport où il faut un peu le bouléguer[6].

D'un geste de la main, le directeur s'est dégagé tranquillement de l'emprise de ma mère.

– Oui… Hum… Bien entendu… Vous avez sans doute raison… C'est-à-dire que… Qu'est-ce que vous voulez dire au juste ?

Maman est devenue toute rouge et j'ai cru qu'elle allait exploser sur-le-champ,

1. Eh bien… (Marque la surprise, la pitié.)
2. Souci.
3. Personne.
4. Problème.
5. S'empiffre, se remplit les poches, se régale.
6. Bouger, remuer.

se décomposer en mille morceaux sur le seuil de l'école. Papa lui a sauvé la vie en intervenant.

– Tout ça m'a l'air parfait. Je vois que vous êtes débordé, il a conclu en désignant du regard la file d'attente qui ne cessait de s'allonger derrière nous, on va vous laisser travailler.

Mes parents m'ont embrassé chacun leur tour et, tandis qu'ils s'éloignaient, le directeur m'a montré un rang au fond de la cour.

– Ce sont tes nouveaux camarades, ils attendent pour entrer en classe, tu peux les rejoindre.

Je traversais la cour à leur rencontre, quand j'ai soudain réalisé qu'ils portaient tous des joggings. J'ai failli rebrousser chemin et repartir chez moi en quatrième vitesse. J'allais avoir l'air ridicule avec mon pantalon, mes mocassins et mon polo bien repassé. Maman avait absolument tenu à ce que je fasse bonne impression le jour de mon arrivée. Pour sûr, j'allais faire impression. Restait à savoir si elle serait bonne.

« C'est bien ma veine, j'ai pensé, il doit y avoir EPS aujourd'hui, pourtant ce n'est pas mentionné sur l'emploi du temps. »

Heureusement, un élève est venu à ma rencontre et m'a tendu la main.

– Salut, tu dois être le nouveau. Je m'appelle Gaëtan, Gigi pour les amis à cause de Gignac.

– Moi c'est Adrien.

– Bienvenue au CM2A. Tu joues à quel poste ?

Je ne comprenais pas vraiment sa question. Voulait-il savoir si je pratiquais un instrument dans un orchestre ou bien était-ce une expression du coin dont j'ignorais le sens ?

M. Caluini m'a sauvé, il a surgi de la salle des maîtres à petites foulées en tapant dans ses mains. Gigi, sans attendre ma réponse, a filé se ranger. Le maître a dit :

– Tu dois être Adrien, le nouveau joueur?

– Oui monsieur, ai-je réussi à répondre tout en pensant qu'il voulait sans doute dire : le nouvel élève.

– C'est bien, mon garçon, tu peux m'appeler coach[1] et surtout n'oublie pas de mettre ta tenue dès demain. Va rejoindre ton équipe maintenant.

1. Mot anglais signifiant entraîneur.

Je me suis mis en rang, légèrement perturbé par cette drôle d'entrée en matière. Une fois en classe, M. Caluini m'a désigné une place vide vers le fond.

– Installe-toi au poste de latéral droit pour débuter la saison, on verra par la suite…

De plus en plus surpris, je me suis assis à côté d'une fille blonde et j'ai commencé à sortir mes affaires. Elle s'est tournée vers moi, a cligné de l'œil et a murmuré :

– Allez l'OM !

Je me suis demandé si je n'avais pas atterri chez les fous, mais j'étais encore loin du compte.

Le soir, de retour à la maison, j'ai attendu que la famille soit au complet pour raconter l'épreuve que je venais de vivre.

J'ai bredouillé :

– Papa, maman… C'est à propos de l'école… J'ai quelque chose à vous dire.

– Oh fan[1] ! j'espère que tu t'es pas déjà encapé[2] une mauvaise note ! a commencé maman.

– Par pitié, Louise, cesse de t'exprimer de la sorte, ça devient pénible à la fin !

– Mais c'est bien toi qui m'as expliqué que l'on serait plus facilement acceptés par les gens d'ici si on parlait le même dialecte qu'eux !

1. Nom d'un chien !
2. Attraper, avoir.

– Je faisais erreur sur toute la ligne, a répondu papa, en fait ici on parle comme partout ailleurs.

– Ah bon ? Alors pourquoi je suis obligée de demander une « petite » chez le boulanger si je veux repartir avec une baguette de pain ?

– Ce n'est qu'un mot à changer par-ci par-là, toi tu transformes tous les mots de toutes tes phrases. Résultat, les gens te regardent comme si tu débarquais de la planète Mars !

J'assistais, bouche bée, à leur dispute et, tout à coup, j'ai compris qu'eux aussi ils avaient des problèmes.

Papa découvrait un monde qui lui était inconnu jusqu'alors. Un monde dans lequel les gens prenaient le temps. Et il y avait un temps pour tout. Un temps pour commenter les résultats sportifs, un temps pour l'apéro, un temps pour la sieste. Quand il restait un moment, il était consacré au travail.

Maman découvrait un monde où « petite » signifie baguette et où l'on vend du poisson fraîchement pêché en hurlant :

– Elle est pas belle ma morue !

Un monde avec un accent chantant et des mots qui lui étaient le plus souvent inconnus.

Mais quand même… Ils se chamaillaient pour une histoire de vocabulaire, alors que moi, je devais affronter à longueur de journée un phénomène sportif unique au monde. À la fois joueur, entraîneur, tacticien, recruteur, président de club et instituteur. Et bien sûr, avec ma chance habituelle, j'étais tombé dans sa classe.

Un maître surprenant

Au bout d'une semaine de classe, j'ai commencé à comprendre comment fonctionnait le CM2 de M. Caluini.

Les leçons de géographie consistaient à retrouver sur la mappemonde les principales villes et pays des équipes de foot, tandis que les leçons d'histoire rimaient avec historique des clubs. Les problèmes de mathématiques proposaient de calculer des scores, des temps de prolongations et des différences entre buts marqués et buts encaissés. Les rédactions avaient des sujets tels que : « Vous disputez votre première finale de coupe de France, racontez vos impressions. » Ou encore : « Imaginez un dialogue entre un joueur et son entraîneur avant un match capital. »

En grammaire, M. Caluini nous demandait de conjuguer à tous les temps la phrase suivante : « Je marque un but et je fais gagner mon équipe. » Et, en éducation civique, nous débattions du rôle que joue un club de foot dans l'intégration des jeunes dans leur ville.

En création poétique, un élève s'était vu attribuer un vingt sur sa feuille de match avec ce poème :

20/20

Mon OM que j'aime

Olympique de Marseille,
Tu m'émerveilles.
Club de mon cœur,
Tu me donnes du bonheur.
Lorsque tu perds,
Je pleure ma mère.
Lorsque tu gagnes,
Pour sûr, je m'enflamme.

D'habitude j'étais plutôt doué pour ce genre d'exercice, mais dans un tel environnement je n'avais aucune chance. Je récoltai un pénible quatorze avec une poésie à laquelle j'avais travaillé deux soirs d'affilée.

14/20 Mon piano bien-aimé

Touches d'ivoire, touches d'espoir,
Touches d'ivoire, blanches et noires.
Mes doigts courent sur vous,
Tout doux, tout fous.
Les tristes mélodies qui prennent vie,
M'entraînent au bout de la nuit.
Lorsque je joue sur mon piano,
Le monde me semble plus beau.

Sans parler des séances d'EPS, consacrées à d'interminables parties de ballon ainsi qu'à la mise au point de techniques d'attaque et de défense. Il me semblait parfois que nous avions sport chaque jour de la semaine, car la tenue vestimentaire de la classe tout entière se résumait à une paire de baskets, un survêtement et un tee-shirt à l'effigie du club de foot de la ville. L'Olympique de Marseille. L'OM pour les initiés.

Pour résumer, le monde de M. Caluini avait la forme et la couleur d'un ballon de football. Cela ne l'empêchait pas d'être un super maître. D'ailleurs les élèves l'adoraient, c'est quand même un bon signe.

Mais pour moi qui n'avais jamais pratiqué ce sport auparavant et qui n'y connaissais strictement rien, les journées à l'école étaient pénibles. Je n'étais qu'un élève parmi les autres, et de loin le moins doué en football.

Mes nuits étaient peuplées d'horribles cauchemars où je me transformais en ballon de cuir que M. Caluini gonflait jusqu'à ce que je m'envole et disparaisse dans les airs. Pour finir, j'éclatais par-dessus les nuages. Je me réveillais en sueur, j'appelais dans le noir, mais personne ne venait me rassurer.

Je contre-attaque

Au bout d'un mois, les cauchemars continuant à perturber mes nuits, il m'a semblé nécessaire de faire le point de la situation. J'étais un bon élève, seules me manquaient les connaissances en matière de football pour m'intégrer à la classe. Les copains étaient sympa dans l'ensemble, même s'ils me choisissaient toujours en dernier lorsque nous formions les équipes pour les matchs de la récréation.

Comme disait Gigi :

– Toi, tu es doué avec ta tête, mais pour ce qui est des jambes c'est plutôt la catastrophe !

Il avait raison. Impossible d'effectuer un contrôle de balle correct, mes passes atterrissaient systématiquement chez l'adversaire, ne parlons pas de mes tentatives de dribble puisque je me mélangeais les pinceaux au point de me retrouver par terre.

Mais Gigi m'avait ouvert les yeux. Puisque je n'étais pas un bon joueur, je deviendrais un stratège de génie. Je me suis mis au travail dès les vacances de février.

Tout d'abord, je me suis connecté sur Internet. Je visitais tous les sites ayant un rapport avec le football. J'ingurgitais des tonnes d'informations, je notais sur un carnet le nom des joueurs, des entraîneurs, leur système de jeu, les forces et les faiblesses des différentes équipes, je punaisais sur une carte du monde les fanions des clubs les plus prestigieux.

Ensuite, avec mon argent de poche, je me suis procuré les jeux nécessaires à ma formation : FIFA 15, Pro Evolution Soccer 2015, et, très rapidement, je suis devenu un spécialiste de l'achat virtuel de joueurs, de leur échange ou bien encore de leur transfert.

J'ai parfait mon éducation en lisant tous les magazines de football que possédait le marchand de journaux du coin de la rue.

Mes efforts ont fini par payer. Dès la rentrée des classes, tout le monde s'est aperçu du changement. M. Caluini me regardait d'un œil brillant, car je commençais à donner de bonnes réponses, parfois même je devançais les meilleurs élèves comme Fabrice ou Julien.

Bon, d'accord, je demeurais un joueur médiocre, mais je n'avais pas mon équivalent pour placer correctement mes partenaires et déceler les faiblesses de l'équipe adverse.

Gigi n'a pas tardé à me trouver un surnom.

– À partir d'aujourd'hui, on t'appellera « le fada ».

– Le fada ? Pourquoi ?

– Parce que Marcelo Bielsa, l'entraîneur de l'OM, est appelé « el loco » dans son pays. Balle au pied il n'est pas terrible, mais pour ce qui est de la tactique, alors là c'est un véritable champion. Tout comme toi.

– Dans ce cas, va pour « le fada » !

Et on a tapé dans nos mains pour sceller notre amitié naissante.

Quand j'affirme que tout le monde s'était aperçu du changement, ce n'est pas tout à fait vrai. Mes parents ne s'étaient aperçus de rien, même lorsque, au lieu de répéter mes morceaux du conservatoire, j'interprétais les chansons de supporters.

Il faut dire qu'ils étaient très occupés. Papa mettait les bouchées doubles au boulot et rentrait de plus en plus tard et de plus en plus fatigué. Maman s'était mise en quête d'un travail rémunéré, mais, en attendant de le trouver, elle se consacrait au bénévolat. Elle aussi était épuisée et peu disponible.

J'ai donc achevé ma transformation à leur insu, jusqu'au jour où mon nouveau visage leur est apparu : le jour où j'ai fêté mon anniversaire.

J'avais invité Gigi parce que c'est le meilleur joueur de foot de la classe et qu'il est mon ami, Fabien parce que c'est le gardien de but de l'équipe, ainsi que Jérôme, Fabrice et Nacer, trois fervents supporters de l'OM.

J'avais également invité Adeline parce qu'elle est incollable sur tout ce qui concerne le foot, Martine et Brigitte, deux filles aussi douées que les garçons la balle au pied.

Maman m'avait chargé de commander le gâteau d'anniversaire et papa avait promis de se libérer pour l'après-midi.

Vers quinze heures, le pâtissier a livré le gâteau en forme de ballon de foot.

Puis les premiers invités sont arrivés. C'est alors que mes parents ont découvert un Adrien dont ils ne soupçonnaient pas l'existence. Un Adrien qui jouait au ballon au milieu du salon, qui sautait de joie à la vue de ses cadeaux : un maillot de l'OM, un poster dédicacé de Mandanda, un ballon de foot, une paire de gants de gardien de but…

Un Adrien qui hurlait « Allez l'OM ! » après avoir soufflé ses bougies, puis chantait en distribuant les parts de gâteau : « Et une, et deux, et trois parts à zéro ! »

Histoire de détendre l'atmosphère, maman m'a proposé d'interpréter quelques morceaux au piano pour mes nouveaux amis.

Lorsque j'ai commencé à jouer un air qu'elle ne connaissait pas et que mes copains se sont mis à chanter une chanson du stade, maman n'a pas résisté. Elle est tombée dans les pommes sur le grand tapis bleu qu'elle avait rapporté d'un voyage au Népal.

À la fin de la journée, comme nous étions un peu fatigués, j'ai glissé un DVD dans notre lecteur et nous avons regardé *Les Plus Beaux Buts de la Coupe du Monde*. Chacun donnait son avis, on critiquait telle action, on appréciait telle autre, on criait, on se disputait, bref on se régalait.

Avant de partir, Gigi s'est tourné vers moi :

– Eh, le fada, il ne te reste plus qu'à apprendre à jouer au foot pour être au top !

Mes parents se sont regardés sans vraiment comprendre de quel fada il était question, puis papa s'est approché de moi.

– Adrien, nous voudrions te parler ta mère et moi.

– Pas trop le temps là, j'ai répondu, on a quillé[1] le ballon dans un arbre et comme dégun a voulu y aller, je dois m'y coller. Je vais balancer des caillasses[2] pour voir.

Tandis que je sortais dans le jardin, j'ai entendu un bruit sourd. Maman s'était effondrée sur le tapis qu'elle avait rapporté d'Égypte.

– Oh Bonne Mère[3], a soupiré papa, vous commencez tous à me fatiguer dans cette maison !

1. Placer dans un lieu élevé.
2. Cailloux.
3. Statue qui veille sur les Marseillais.

La famille s'organise

Une fois maman complètement remise de ses émotions, une fois le ballon récupéré, une fois papa calmé, la réunion de famille a eu lieu.

– Mon chéri, a commencé maman, nous comprenons que cette nouvelle vie perturbe un peu tes habitudes, mais vois-tu, il nous semble important que tu évites de jouer au ballon dans la salle à manger, de hurler des chants guerriers en t'accompagnant au piano…

– Fais un effort, Louise, a supplié papa d'une voix lasse, sinon on y sera encore demain matin.

– Bon puisque c'est comme ça, je me tais ! a répondu maman.

Papa a laissé maman bouder dans son coin et il a poursuivi.

– Ce que voulait dire ta mère, c'est que nous t'avons délaissé ces temps derniers parce que nous étions vraiment préoccupés par notre quotidien. Tout cela est si nouveau que nous avons perdu nos repères…

– Tu sais, j'ai eu le même problème.

– Pourtant, d'après ce que nous avons vu cet après-midi, il nous semble que tu as parfaitement réussi à te faire accepter par tes nouveaux amis.

– Ça n'a pas été facile.

– Rien n'est jamais facile dans la vie ! a rétorqué maman en revenant dans la conversation.

– Il semble même que tu aies trop bien assimilé les traditions locales. Alors, voilà ce que nous allons faire, a continué papa, nous allons consigner par écrit la stratégie familiale qui nous permettra de nous intégrer au mieux, chacun la signera, s'engageant ainsi à la respecter.

– Notre survie en dépend, a ajouté maman toujours un peu excessive.

Ils paraissaient si confiants que je n'ai pas eu le cœur de les décevoir.

– Bon c'est d'accord, allons-y pour le plan de bataille !

Une demi-heure plus tard, il était prêt.

Papa s'engageait à essayer de mieux connaître ses collègues de bureau, à aller boire quelques pastis en leur compagnie, à commenter sans fin les résultats sportifs du week-end, à pêcher à la palangrotte[1]

1. Ligne de pêche armée de gros hameçons, appâtés à la sardine et aux coquillages.

du côté de l'Estaque tous les dimanches matin, à s'acheter des boules de pétanque et à les laisser à demeure dans le coffre de la voiture, plus diverses autres traditions locales.

De son côté, maman s'engageait à faire un usage limité de sa langue d'adoption, à s'entraîner au quotidien à préparer la bouillabaisse[1], à se familiariser avec les divers marchés provençaux, à reconnaître un poisson fraîchement pêché d'un simple coup d'œil, à négocier tous les prix, même ceux affichés, surtout ceux affichés, plus diverses autres traditions locales.

1. Soupe de poissons méditerranéens parfumée au safran.

Pour ma part, je m'engageais à éviter les parties de foot à l'intérieur de la maison, à continuer le piano et pas seulement les chansons de supporters, à ne pas parler plus fort que les copains et à ne pas forcer sur l'accent local.

Nous nous donnions deux mois avant de faire à nouveau le point, histoire de savoir si nous pourrions devenir de vrais Marseillais d'adoption ou s'il nous fallait quitter d'urgence cette ville de… foot !

Le rêve de M. Caluini

Le plan de bataille a fonctionné à merveille et nous avons jugé inutile de nous réunir pour faire le point. Et lorsque les beaux jours ont commencé à prendre racine, la vie est devenue encore plus douce.

Le soir, nous nous promenions le long de la Corniche, nous contemplions le soleil rougeoyant qui se couchait dans la Méditerranée. Les samedis et les dimanches étaient consacrés à de longues balades dans les calanques, à des repas sans fin au soleil des terrasses du Cours-Julien, à des visites matinales au marché aux puces où maman n'avait pas son pareil pour repérer le tapis manquant à sa collection, à des apéritifs chez les uns et les autres…

Plus le cercle de nos connaissances s'agrandissait, plus les choses devenaient simples. Nous commencions à sentir comment vibrait la ville et son charme agissait sur la famille entière.

Papa ne mettait plus de cravate pour aller au travail, maman était devenue la reine de l'anchoïade[1] et, à l'école, les copains ne m'appelaient plus Adrien le Parisien.

Nous avions un teint merveilleusement hâlé et, avec une petite pointe d'accent en plus, on nous aurait facilement confondus avec des Marseillais pure souche.

Curieusement, seul M. Caluini ne semblait pas ressentir la douceur du temps. Son humeur était le plus souvent maussade et il paraissait tendu. En classe, il lui arrivait

1. Plat à base d'anchois et sauce à l'anchois.

de s'emporter pour un rien. Les séances de sport étaient devenues quotidiennes et il ne laissait pas passer la plus petite erreur.

Un matin où il était particulièrement bougon, j'ai demandé à Gigi :

– Qu'est-ce qui se passe avec notre maître, il n'a pas l'air très en forme ?

– C'est à cause du tournoi, a répondu Gigi.

– Quel tournoi ? j'ai demandé.

– Comment, tu n'es pas au courant ?

– Je te rappelle quand même qu'il n'y a pas si longtemps que ça, j'habitais à Paris.

– J'ai tendance à l'oublier, s'est excusé Gigi. Eh bien voilà : chaque année tous les CM2 des écoles de Marseille s'affrontent dans un tournoi de sixte. Et ce tournoi a lieu juste après les vacances de Pâques.

– Ah, c'est pour ça qu'on a doublé les heures de foot dans la cour ! Mais pourquoi M. Caluini est de mauvaise humeur ?

– Depuis dix ans que ce tournoi existe, il ne l'a pas remporté une seule fois. Il y a trois ans, sa classe est arrivée en finale, mais jamais il n'a pu inscrire le nom de l'école au palmarès.

– Et alors ?

– Cette saison, notre classe a une équipe terrible. Logiquement, personne ne peut nous battre. M. Caluini a bien compris que c'était cette année ou jamais. Et ça le rend nerveux.

Sur ces mots, Gigi est parti comme une fusée shooter dans un ballon qui roulait à proximité. Je me suis mis à courir après lui.

– Eh, attends-moi, il faut que je m'entraîne moi aussi !

Question football, j'avais progressé, mais pas au point de prétendre participer au tournoi. Aussi, la veille des vacances, j'ai proposé un marché à Gigi.

– Pendant quinze jours je te fais réviser le français et les maths, en échange tu m'entraînes. Tu m'apprends les tacles, les feintes de frappe, les amortis.

– Toi, tu as une idée derrière la tête, a rigolé Gigi.

– C’est mon secret. Alors tu marches ?

– Bien entendu que je marche. Si je redouble, mon père est capable de me mettre en pension. Avec un professeur comme toi plus de problème, c’est le passage assuré en sixième !

– Merci, j’ai bafouillé, et avec un entraîneur comme toi plus de problème, c’est la sélect…

J’ai stoppé net. J’avais peur d’en avoir trop dit, mais Gigi a fait comme s’il n’avait rien entendu.

– Bon, classe le matin et sport l'après-midi, ça te va ?

– Parfait.

Et on a tapé dans nos mains pour sceller notre accord.

La composition de l'équipe

Dans l'ensemble, les vacances se sont bien passées. Gigi était un élève plein de bonne volonté et j'essayais, pour ma part, de mettre en pratique ses conseils. Malgré tout, je sentais bien que mes progrès étaient insuffisants pour intégrer l'équipe de la classe.

Dès la reprise des cours, nous nous sommes rapidement aperçus que le maître était encore plus attentif à nos prouesses sportives que d'habitude. Rien ne lui échappait.

Que quelqu'un rate un amorti, une passe ou encore un but et il lui en parlait dans la minute suivante. À croire qu'il avait des yeux derrière la tête !

Parfois, je le surprenais en train de m'observer discrètement, mais invariablement il secouait la tête pour mieux se convaincre que je n'avais pas le niveau requis.

Le lundi matin avant le tournoi, M. Caluini a annoncé la composition de l'équipe. Toute la classe retenait son souffle.

Dans les buts, il y aurait Fabien, à l'arrière les deux frères Ouzine, de véritables terreurs qui réussissent à effrayer les attaquants des équipes adverses rien qu'en les regardant, au milieu Julien et Nordine qui a redoublé son CM2 chez M. Caluini (à mon avis, c'est uniquement à cause de sa grande taille qu'il a été choisi) et enfin Gigi à l'avant.

Le remplaçant était une remplaçante, Martine, qui valait la plupart des garçons de l'école.

Mais, le mardi matin, M. Caluini a dû procéder à un changement. Nordine était tombé dans l'escalier de la cantine et son genou était trop enflé pour qu'il tienne son poste. Martine passait donc milieu de terrain. Ali, surnommé Ali-Babar à cause de sa gourmandise légendaire, devenait remplaçant.

Le mercredi, jour de repos, M. Caluini a programmé un ultime entraînement, pour peaufiner les derniers réglages comme il disait.

Toute l'école s'est déplacée afin d'assister à l'événement.

Les filles hurlaient le nom des joueurs et Martine faisait un peu la tête. Mais quand un groupe de supporters s'est mis à crier son prénom, elle a retrouvé le moral. Certains parents étaient même là pour commenter et éventuellement critiquer les choix tactiques de l'instituteur.

Seul dans mon coin, je pouvais mesurer toute l'étendue qui me séparait des joueurs sélectionnés.

Le jeudi matin, notre maître avait sa tête des mauvais jours. Quelqu'un avait offert une énorme boîte de gâteaux au chocolat à Ali et une crise de foie carabinée le clouait au fond de son lit. Le maître a donc été obligé de nommer un nouveau remplaçant, Fabrice.

Le vendredi matin, à la veille du tournoi, M. Caluini avait sa tête des très mauvais jours. Un des frères Ouzine s'était battu avec Diego parce qu'il avait traité sa mère.

Pour le punir, le directeur lui avait interdit de participer au tournoi. Notre instituteur a barré son nom de la liste.

– Ça devient grave, il a soupiré. Bon, Fabrice passe à l'arrière et comme remplaçant nous allons mettre…

Il a hésité un moment, puis il a réalisé qu'il n'y avait plus personne pour tenir ce poste.

– Il reste Adrien, m'sieu, a dit Gigi en me lançant un clin d'œil, il progresse sans cesse et en plus il est super fort en ce qui concerne le placement sur le terrain.

M. Caluini a hésité un instant, mais il n'avait pas le choix.

– Eh bien c'est d'accord, Adrien tu seras le remplaçant.

Je suis devenu rouge et j'ai failli hurler ma joie au beau milieu de la classe. Mais je me suis retenu. Ce n'était pas le moment de tout gâcher et de se faire punir bêtement.

Aude, ma voisine de classe, s'est penchée à mon oreille.

– Allez l'OM ! elle a murmuré avec un grand sourire.

J'ai pensé que je venais d'être définitivement accepté chez les fous. Puis, j'ai eu un doute. Est-ce que je n'étais pas devenu fou moi-même ?

La réponse sautait aux yeux.

Le grand tournoi

Le samedi, jour du tournoi, un soleil immense brillait sur la ville. Toutes les familles s'étaient déplacées au stade pour encourager les équipes. C'était une fête énorme. Barbecue, merguez, pastis, pétanque, sieste, concours de belote, rien ne manquait.

Maman avait été embauchée à la buvette où elle enrichissait son vocabulaire local. Elle était ravie lorsque les footeux s'adressaient à elle en forçant sur l'accent.

– Vé la belle, remets-nous une tournée de fly[1] !

On pouvait entendre tinter les glaçons au fond des verres dans la seconde suivante.

1. Pastis.

Une Parisienne aussi efficace que les locales, même les plus vieux n'en revenaient pas.

Papa, de son côté, avait constitué une triplette[1] avec le directeur de l'école et Mme Chaspain, la présidente de l'association des parents d'élèves.

Dans l'ensemble, il fit bonne figure et aligna même une série très remarquée de quatre carreaux consécutifs.

Quant à moi, j'attendais le moment d'entrer sur le terrain. Chaque fois que l'équipe jouait, mon cœur se gonflait un peu plus, maman arrêtait de servir à la buvette et papa interrompait sa partie de boules. Mais, à chaque fois, l'équipe gagnait sans moi. Je n'avais pas encore posé un pied sur la pelouse. Il paraissait de plus en plus évident qu'ils n'avaient absolument pas besoin de moi pour remporter le tournoi. Nous étions en milieu d'après-midi et l'équipe, qui n'avait toujours pas subi la moindre défaite, était qualifiée pour les quarts de

1. Équipe de pétanque composée de trois partenaires.

finale. Et moi je rongeais mon frein, assis sur le banc de touche, en regardant mes copains de classe réaliser des exploits qui faisaient vibrer les filles de l'école, leurs sœurs, leurs cousines et leurs parents.

Même en interprétant un concerto entier sans esquisser la moindre fausse note, je n'avais aucune chance de provoquer un tel enthousiasme. Décidément, le monde était mal fait.

En quart de finale, le match a été terrible. Nous avons affronté l'école d'Arenc-Bachas dont les joueurs étaient de véritables géants. M. Caluini n'arrêtait pas de râler.

– Ils ont au moins quinze ans ! a-t-il conclu en prenant à témoin la foule qui s'agglutinait autour du terrain.

Mais finalement nous l'avons emporté sur le score de deux à un, grâce à un doublé de Gigi.

À seize heures, il ne restait plus que quatre équipes en compétition. Le tirage au sort nous a opposés à l'école des Flamands. M. Caluini nous a réunis dans les vestiaires, il paraissait inquiet.

– Les enfants, je vous demande toute votre attention, cette fois-ci c'est du sérieux ! Nous n'avons pas le droit de perdre si près de la finale. Vous allez donner tout ce que vous avez dans le ventre. Allez-y, je compte sur vous tous !

Il a tapé dans ses mains et nous avons filé vers la demi-finale. Gonflés à bloc.

Lorsque notre instituteur déclarait qu'il comptait sur nous tous, je savais parfaitement bien que ce message ne m'était pas adressé. Pour lui, je n'étais qu'un nom couché sur une feuille de papier, un « bouche-trou » comme disait Fabien.

Même pendant le match contre l'école de Malpassé, alors que nous menions par huit buts à deux, il ne m'avait pas fait entrer sur le terrain. Histoire de permettre à un joueur de se reposer un peu. Pour M. Caluini j'étais un remplaçant qui ne remplaçait personne. Je ne demandais pas grand-chose pourtant, juste que l'on me donne ma chance. Au moins une fois.

La demi-finale contre l'école des Flamands a été une simple formalité. Gigi était littéralement déchaîné. Il a marqué trois buts et réussi deux passes décisives. L'adversaire était au tapis. Humilié.

À une minute de la fin de la rencontre, grisé par le succès, Gigi a commencé à galéger[1] les joueurs adverses. Petits ponts par-ci, grands ponts par-là, passements de jambes d'un côté, dribbles mortels de l'autre, rien ni personne ne semblait pouvoir l'arrêter. Personne, à part l'arrière droit des Flamands. Pour la vingtième fois, Gigi venait de le mettre dans le vent et il a sans doute jugé que c'était une fois de trop. Il s'est jeté sur lui les deux pieds en avant et un sinistre craquement a résonné dans le stade.

– Mince alors, a dit maman, il lui a décalqué[2] la jambe pour de bon. Elle est tout de traviole[3] !

1. Se moquer de.
2. Casser.
3. De travers.

– Assassin ! a hurlé M. Caluini. Il mérite les Baumettes[1] !

Le public n'était pas en reste pour les commentaires.

– C'est un boucher celui-là !

– Eh cabestron[2], va jouer sur la lune !

– Encore un fada qui se croit en Ligue un !

1. Prison de Marseille.
2. Mauvais joueur.

Papa, lui, n'a rien dit. Il s'est approché et il a juste passé sa main dans mes cheveux comme lorsqu'il est fier de moi ou bien qu'il veut m'encourager. Malgré la peine que j'éprouvais pour Gigi, j'ai compris que le sort venait de m'offrir l'occasion que j'attendais. À moi de m'en montrer digne.

On a évacué Gigi vers le poste de secours tandis que, dans l'autre demi-finale, l'école du Canet gagnait par trois à deux contre celle de la Pointe-Rouge.

Fin de partie

Dans les vestiaires, le moral était au plus bas. M. Caluini, assis sur un banc, la tête entre les mains, était effondré. Autour de lui, une armée de parents essayait en vain de le réconforter.

– Tant qu'il y a de la vie, il y a de l'espoir !

– Il ne faut pas vendre la peau de l'ours avant de l'avoir tué !

– L'union fait la force !

Mon maître s'est redressé d'un coup à la manière d'un diable bondissant hors d'une boîte à malice.

– Mais arrêtez de dire n'importe quoi à la fin, a-t-il hurlé, déjà sans Nordine, sans Ali et sans le frère Ouzine, le match était loin d'être gagné. Mais sans Gigi, alors là c'est carrément mission impossible !

Soudain, la porte des vestiaires s'est ouverte et l'arbitre de la rencontre est entré.

– Messieurs, c'est l'heure de la finale, veuillez vous présenter sur le terrain.

M. Caluini est devenu aussi blanc qu'un bâton de craie et a murmuré :

– Quelqu'un m'a sûrement jeté un sort. Il est écrit quelque part que je ne remporterai jamais ce tournoi. Ah misère, je suis maudit.

Maman s'est approchée de lui.

– Il faut se battre jusqu'au bout, ne jamais s'avouer vaincu ! C'est bien ce que vous répétez sans cesse à vos élèves, non ?

Cette phrase a eu un effet miraculeux sur mon instituteur. Il a relevé la tête et essuyé une larme qui menaçait de couler. Puis il a bondi de son banc et a pointé son index droit vers le ciel.

– Vous avez raison, allez, on y va ! Adrien, tu prends la place de Gigi. Ne ménagez pas vos efforts, les gars, on va leur montrer qui nous sommes. Je compte sur vous !

Et toute l'équipe l'a suivi en hurlant :

– En avant Saint-Just !

On a pénétré sur la pelouse en file indienne sous les applaudissements du public. Les capitaines ont échangé les fanions des écoles et l'arbitre a sifflé le début de la rencontre.

Le moment que j'attendais depuis si longtemps était enfin arrivé. J'étais membre à part entière de l'équipe. Je jouais avec mes copains, j'affrontais un adversaire commun. Après le match, les filles hurleraient mon nom, je signerais des autographes, les gens me reconnaîtraient dans la rue, je deviendrais une légende, on s'arracherait mes talents à prix d'or.

Malheureusement, la réalité n'a pas été à la hauteur de mes espérances. J'étais tellement impressionné que mes jambes n'arrêtaient pas de trembler.

J'ai passé la première mi-temps à courir après le ballon, ne parvenant pas à le toucher une seule fois. Un véritable désastre ambulant...

Le Canet a marqué dès le début du match et Fabien a dû multiplier les exploits pour éviter le massacre. Martine a égalisé suite à une erreur de leur défense et, à la mi-temps, ce score nul relevait du miracle.

En retournant aux vestiaires, nous avons croisé Gigi qui revenait de l'infirmerie en claudiquant.

– Entorse de la cheville, a-t-il grimacé.

Puis, il s'est approché de moi et m'a tapé sur l'épaule.

– Hé le fada, rappelle-toi ce que je t'ai toujours dit, sers-toi de ta tête. C'est ce que tu fais le mieux !

Ensuite le maître a pris la parole :

– C'est bien les enfants, vous avez tenu le choc, il vous reste maintenant une mi-temps pour faire la différence.

Mais on sentait bien qu'il n'y croyait pas vraiment. Il n'était pas aveugle. L'équipe du Canet nous dominait de la tête et des épaules.

Tous les copains étaient accablés, le moral à zéro. Julien a secoué la tête dans tous les sens.

– C'est fichu, coach, sans Gigi nous ne pouvons pas gagner. Adrien n'a pas réussi à toucher le ballon une seule fois.

Julien avait raison, je ne servais à rien. Soudain, je me suis remémoré les paroles de Gigi et j'ai eu une idée.

– Ne nous affolons pas, j'ai proposé, si tous les joueurs se regroupent en défense et que je reste seul en pointe, on a une chance de marquer sur un contre.

M. Caluini a réfléchi quelques secondes, puis il a hoché la tête.

– La tactique d'Adrien me semble bonne. Allons-y les enfants, nous n'avons rien à perdre !

Un coup de sifflet nous a avertis que la partie allait reprendre. Nous nous sommes levés, pas vraiment rassurés, et nous sommes sortis pour affronter les dix minutes les plus importantes de notre jeune existence.

Maman m'a déposé un bisou sur le front.

– Vas-y minot, j'ai confiance en toi. Montre-leur que t'es pas une favouille[1] !

J'aurais tellement aimé lui donner raison, mais je n'étais qu'un débutant. Je le réalisais enfin. On ne pouvait apprendre à maîtriser un ballon dans les livres ou sur Internet. Comme au piano, pour

1. Personne de caractère mou.

devenir bon, il fallait sans cesse refaire ses gammes, s'entraîner, se donner du mal. J'avais commis une grosse erreur en croyant que je parviendrais à devenir un véritable joueur en quelques semaines à peine.

Ça n'existe que dans les films.

Pendant la seconde mi-temps, suivant le plan établi, Julien, le frère Ouzine, Martine et Fabrice sont restés devant la cage gardée par Fabien. Les gars du Canet se régalaient. Ils campaient dans notre camp. Moi, j'étais tout seul comme un imbécile au centre du terrain. Personne ne faisait attention à moi, j'étais devenu invisible, un joueur inutile.

Fabien, par contre, enchaînait les arrêts miracle. Les joueurs du Canet s'énervaient de plus en plus, les poteaux ont renvoyé deux ou trois tirs, et les minutes passaient. La fin de la rencontre approchait.

Il restait une minute à jouer quand l'avant-centre du Canet a tenté une percée en solitaire. Mais Julien a réussi à lui prendre la balle et il l'a dégagée de toutes ses forces au centre du terrain. J'ai vu que le ballon tombait droit sur moi et j'ai essayé de ne pas paniquer. J'ai voulu placer une tête en fermant les yeux. Bien entendu, je l'ai ratée et le ballon a rebondi dans mon dos.

Lorsque j'ai rouvert les yeux, les joueurs du Canet fonçaient vers moi et Martine hurlait quelque chose, sans que je comprenne quoi. Je me suis retourné et j'ai couru après la balle qui n'en finissait plus de rebondir. Le gardien adverse est sorti brutalement de sa sieste et s'est mis à courir dans ma direction. Je n'ai pas remarqué que mon lacet droit était défait…

Quand mon pied gauche s'est posé dessus, je me suis étalé et mon front a heurté la balle.

Je me suis retrouvé le nez dans l'herbe tandis qu'une clameur montait dans le ciel. Lorsque j'ai redressé la tête, j'ai aperçu le gardien de but, figé comme une statue de marbre, qui me regardait sans comprendre. Tous les regards étaient tournés vers moi et j'ai réalisé que le ballon avait terminé sa course au fond des filets ! L'arbitre a validé le but, puis il a couru vers le centre du terrain et a sifflé la fin de la rencontre.

Je me suis relevé d'un bond, puis j'ai couru vers le banc de touche en levant les bras comme je l'avais vu faire par les professionnels. Gigi, oubliant son entorse, bondissait à la manière d'un cabri surexcité. Papa était dans les bras de M. Caluini et ensemble ils entamaient la danse des orangs-outans. Quant à maman, elle était tombée dans les pommes.

Une soirée chez nous

C'était une soirée comme je les aime, une soirée à la maison. L'air était chaud et les jours rallongeaient. Maman parlait avec ses copines au téléphone et moi j'étais dans le jardin. Avec le ballon que m'avait offert Gigi, je tentais de battre mon record de jongles du pied droit qui est de vingt-six. Il paraît que Martine arrive à en faire plus de cinquante. J'aimerais bien voir ça.

Papa était en retard, mais personne ne s'en plaignait. Depuis la victoire de notre école, tous ses collègues de bureau voulaient l'entendre raconter comment son fils prodige avait marqué un but historique d'une fantastique tête plongeante dans les dernières secondes de la rencontre.

Un article relatant notre victoire était encadré dans le salon, près de la photographie de l'équipe avec la coupe. En arrière-plan, on apercevait M. Caluini, un sourire immense incrusté à vie sur sa figure.

Ce soir-là donc, j'approchais de mon record lorsque la sonnette a retenti.

– Va ouvrir, mon trésor, a hurlé maman, je suis occupée !

J'ai râlé un bon coup parce que j'étais obligé d'interrompre ma tentative de record et je suis allé ouvrir, le ballon sous le bras. C'était papa.

– Houps, il a dit, désolé si je te dérange, fiston, mais je n'arrive plus à mettre la main sur ces maudites clés.

Je lui ai fait un gros bisou en le serrant très fort et il a passé sa main dans mes cheveux.

– Alors, il m'a demandé, tu progresses ?

– Je pense que le record de Martine devrait tomber d'ici peu.

Il a pris l'air le plus fier que je lui connaisse et il m'a souri.

– C'est bien, champion, tu t'améliores de jour en jour !

Je suis retourné m'entraîner dans le jardin et papa a rejoint maman, toujours pendue au téléphone.

Un peu plus tard, j'en étais à vingt jongles et là ça devenait du supra-sérieux, lorsque la sonnette a retenti pour la seconde fois.

– Va ouvrir, Adrien, ont hurlé papa et maman, nous sommes occupés !

J'ai râlé très fort parce que c'était vraiment mal parti pour battre un record dans ces conditions et je suis allé ouvrir.

C'était M. Caluini, plus le directeur de l'école, plus Mme Chaspain. Ils avaient la figure peinte en bleu et blanc, ainsi que des écharpes nouées autour du cou. J'ai trouvé bizarre de porter des écharpes en cette saison, mais je n'ai rien dit.

Soudain, dans la main droite de M. Caluini, j'ai vu apparaître une énorme trompette. Mon instituteur l'a portée à sa bouche d'un geste sec et a soufflé de toutes ses forces. On aurait dit le barrissement d'un éléphant enrhumé. La maison a tremblé sur ses fondations.

– En avant la troupe ! a hurlé le directeur de l'école.

– En avant, a enchaîné Mme Chaspain, en avant !

Le ballon m'a glissé des mains tandis que je réalisais l'état d'excitation dans lequel se trouvaient les trois personnes les plus sérieuses que je connaisse.

Lorsque j'ai aperçu mes parents sortir de la cuisine, eux aussi peinturlurés de bleu et de blanc et faisant tournoyer une écharpe, j'ai failli m'évanouir sur le tapis du salon.

– Que se passe-t-il ? ai-je demandé, inquiet.

– Du sérieux, a répondu M. Caluini, l'OM est en danger !

– Ce soir on joue contre le PSG ! a précisé le directeur qui s'était emparé de la trompette et soufflait de plus belle.

C'était maintenant un troupeau entier d'éléphants qui vagabondait dans notre maison.

– Il faut les soutenir, a hurlé Mme Chaspain, en avant, en avant !

– C'est le dernier match de la saison, m'a expliqué M. Caluini, le titre de champion de France se joue ce soir.

Papa a souri et il a sorti de sa poche trois billets qu'il a fièrement exhibés du bout des doigts.

– Et j'ai réussi à me procurer des places !

– On va tous au Vélodrome, a ajouté maman en commençant à me peindre le visage en blanc et bleu.

Puis mon père m'a tendu le maillot que m'avait offert Fabien, M. Caluini m'a entouré le cou d'une écharpe aux couleurs du club et on est sortis dans la rue.

– On y va en métro, a proposé Mme Chaspain, c'est plus rapide.

Notre petite troupe s'est dirigée vers la station la plus proche en chantant et en soufflant dans la trompette. De tous les quartiers, des groupes identiques au nôtre convergeaient dans la même direction…

Celle du stade Vélodrome !

Les gens marchaient, couraient, chantaient, riaient, s'interpellaient d'un trottoir à l'autre. Des drapeaux tournoyaient, des sifflets et des tambours donnaient la cadence. Parfois un pétard éclatait au coin d'une rue, mais rien ne semblait pouvoir ralentir cette marée humaine. La fête n'attendait pas et personne ne voulait en rater l'ouverture. On sentait la ville vibrer à l'unisson. Le ciel était constellé d'étoiles naissantes.

J'ai pris la main de papa et maman. J'en étais sûr, nous serions vainqueurs.

TABLE DES MATIÈRES

Voici le premier chapitre de
La fille qui rend fou
la suite des aventures d'Adrien
à Marseille...

Coup d'envoi

C'était un matin comme je les déteste, un matin où tout marche de travers et où rien ne fonctionne comme c'est écrit.

Maman avait pourtant rédigé une des listes impressionnantes dont elle a le secret pour que mon premier jour de rentrée au collège se déroule sans problème. La liste trônait depuis plus d'une semaine sur la porte du frigo.

* Préparer le cartable d'Adrien.
* Prévoir trois tenues différentes pour Adrien. Une en cas de grosse chaleur, une pour une tempête de mistral, une en cas d'orage.
* Programmer le radio-réveil pour qu'il sonne à sept heures.
* Se munir d'un réveil mécanique de secours en cas de coupure de courant durant la nuit.
* Acheter du lait pour le petit déjeuner.
* Faire le plein d'essence et vérifier que les pneus de la voiture soient bien gonflés.
* Repérer plusieurs itinéraires possibles en cas de bouchon...

La liste se déroulait ainsi sur deux pages recto verso, ce qui faisait beaucoup rire papa.

– Louise, disait-il en se marrant, il faut toujours que tu exagères !

Évidemment, le matin en question, rien n'a fonctionné comme prévu et lorsque pour finir la voiture de maman a refusé de démarrer, elle a emprunté celle de papa sans lui demander son avis. Sur ce coup-là, il riait déjà nettement moins.

– Hé, comment je vais faire pour aller au boulot, moi ? il a demandé.

– Tu n'as qu'à prendre le métro pour une fois, a suggéré maman.

– Mais enfin tu sais bien qu'aucune des deux lignes ne mène à mon bureau !

Il était trop tard, la voiture s'éloignait dans l'allée.

– Appelle un taxi ! a hurlé maman en vérifiant une dernière fois son maquillage dans le rétroviseur.

Le collège Thiers se situe dans le centre ville de Marseille, autant dire qu'on a autant de chances de trouver une place à proximité que le PSG[1] de gagner la finale de la Ligue des champions.

1. Le Paris Saint-Germain, club de football.

Mais ça n'a pas semblé décourager ma mère. Elle n'a pas hésité une seule seconde, elle s'est garée en double file.

Le conducteur de la voiture qui suivait a osé klaxonner pour lui faire part de son étonnement. Il a aussitôt regretté son geste.

Maman a sorti la tête par la vitre entrouverte et elle a hurlé :

– Oh espèce de jobastre[1], viens pas m'emboucaner[2] la vie, j'ai déjà assez à faire avec le minot[3] !

Elle est comme ça ma mère, il suffit qu'elle s'énerve un peu et de suite on ne voit plus la différence avec une Marseillaise d'origine. Un véritable caméléon. Elle est capable d'adopter en une fraction de seconde le langage des autochtones. Un peu trop souvent au goût de mon père et du mien aussi.

1. Crétin.
2. Empoisonner l'existence.
3. Gosse, gamin, enfant.

Dire que cela ne fait qu'un an que nous vivons ici…

Le gars n'a pas insisté, il a passé son chemin, la tête rentrée dans les épaules. Pour ma part, je devais être rouge de confusion du sol au plafond.

J'ai rapidement vérifié qu'aucune connaissance ne passait à proximité. Par bonheur l'incident n'avait suscité aucun attroupement. Les gens avaient l'habitude, ce genre d'altercation verbale se produisait tous les jours.

Maman a allumé les feux de détresse.

– Allez fiston, je t'accompagne pour ton premier jour.

Après le départ en catastrophe, les insultes en pleine rue, le cauchemar se poursuivait. Ma mère s'était mis en tête de m'accompagner jusqu'à l'entrée du collège. La honte. La honte totale. Si je ne voulais pas être définitivement grillé auprès de tous les élèves, il me fallait agir au plus vite.

– Euh… C'est que tu es mal garée maman, et ce serait bête que tu aies une contravention à cause de moi.

Elle a hésité, m'a regardé droit dans les yeux. Elle semblait peser le pour et le contre.

– Tu n'aurais pas honte de ta mère par hasard ?

– Mais non, mais non, pas du tout. Allez j'y vais, je suis déjà en retard. À ce soir !

J'ai déposé un bisou baveux sur sa joue droite et je suis parti retrouver mes anciens copains du CM2.

En réalité, nous étions très peu à aller au collège Thiers cette année. Seuls Ali, qui avait emménagé dans le quartier, Martine, qui avait fait une demande de classe européenne et moi, qui intégrais une sixième musicale, nous retrouvions ensemble.

Gigi avait été dirigé vers une section sport-études, les frères Ouzine redoublaient et tous les autres allaient au collège Gibraltar.

J'ai fait un signe de la main à maman qui déboîtait sans même actionner le clignotant ni jeter le moindre coup d'œil dans son rétroviseur, provoquant ainsi un concert de klaxons et de jurons.

J'ai attendu que sa voiture disparaisse au coin de la rue pour enlever l'infâme polo dont elle avait tenu à m'affubler en ce jour de rentrée et le remplacer par un maillot de l'Olympique de Marseille que j'avais pris soin de camoufler au fond de mon sac. Mes mocassins ont suivi le même chemin, j'avais aussi prévu une vieille paire de baskets pour jouer au foot à la récré.

Martine et Ali étaient déjà là.

Lorsqu'ils m'ont aperçu, ils se sont précipités vers moi.

– Alors comment ça va champion ? a dit Ali. J'suis content de te revoir.

J'ai tapoté son petit ventre rebondi.

– Hé, je vois que les vacances t'ont été profitables.

La gourmandise d'Ali est légendaire, il est capable d'engloutir un gâteau d'anniversaire à lui seul. Entre une carrière de footballeur et son épanouissement gastronomique, il y a bien longtemps que son choix est fait.

– J'ai pris au moins cinq kilos. Tu connais mon faible pour le chocolat, eh bien mes parents n'ont rien trouvé de mieux que de m'envoyer en colonie en Suisse. Un véritable bonheur, je me suis payé deux crises de foie durant le séjour.

– Et toi, m'a demandé Martine, tu as travaillé tes gammes pendant ces vacances ?

Martine est une surdouée du foot, capable de mettre dans le vent la plupart des garçons. Elle est aussi habile du pied gauche

que du droit et l'art du toucher de balle millimétré n'a aucun secret pour elle.

– Au poil ! J'ai même battu ton record, soixante-douze jongles du pied gauche !

Martine a éclaté de rire.

– Adrien, c'est du piano dont je voulais parler…

À cet instant, la cloche a sonné. Nous nous sommes regardés tous les trois avec un peu d'angoisse au fond des yeux. Une nouvelle vie commençait, nous étions devenus des grands.

Nous avons juré de nous retrouver à l'intercours pour une partie de foot endiablée.

DANS LA MÊME COLLECTION

Le jour où j'ai raté le bus
Jean-Luc Luciani.

Mes vacances au camping
Stéphane Daniel.

La plus grosse bêtise
Évelyne Brisou-Pellen.

Comment devenir parfait en trois jours
Stephen Manes.

L'AUTEUR

Jean-Luc Luciani est définitivement un enfant du Sud. Son père étant originaire de Corse et sa mère de Marseille, il lui est difficile de passer de longues périodes loin de la Méditerranée. Il réside d'ailleurs dans la capitale phocéenne. Ses sources d'inspiration majeures lui viennent de sa propre famille ainsi que de ses souvenirs d'enfance dans l'île de beauté.

Pour en savoir plus sur Jean-Luc Luciani, vous pouvez consulter son site : aujourlejour.free.fr

L'ILLUSTRATEUR

Thierry Christmann est né en 1964 en plein milieu des grandes vacances. Pourtant, depuis qu'il est illustrateur, il n'aime plus trop les vacances. Dès qu'il a un petit moment de libre entre deux livres à illustrer, il en profite pour dessiner ou pour lire des romans qu'il n'a pas à illustrer. De temps en temps, il se rend dans des écoles pour créer des histoires et en imaginer les dessins avec les élèves.
Il habite Strasbourg et a deux garçons, Robinson et Léo.

Retrouvez la collection
Rageot Romans
sur le site www.rageot.fr

PAPIER À BASE DE FIBRES CERTIFIÉES

RAGEOT s'engage pour l'environnement en réduisant l'empreinte carbone de ses livres
Celle de cet exemplaire est de :
400 g éq. CO_2
Rendez-vous sur www.rageot-durable.fr

Achevé d'imprimer en France en mars 2016
sur les presses de Jouve
Dépôt légal : mars 2011
N° d'édition : 3799-07
N° d'impression : 2351815W